Inhalt

Inplacement

Kernthesen

Beitrag

Fallbeispiele

Weiterführende Literatur

Impressum

Inplacement

M.Reiner

Kernthesen

- Während Unternehmer viel Zeit und Geld in die Suche und Auswahl neuer Mitarbeiter investieren, fristet eine effektive und strukturierte Personaleinarbeitung ein Stiefmutterdasein in der Personalbedarfsdeckungskette. (3)
- Durch den Verzicht auf Inplacementprogramme, die die Einarbeitung des Mitarbeiters gezielt lenken und ihn ideal auf seine Tätigkeit vorbereiten, gehen wichtige Ressourcen wie Motivation, Zufriedenheit und Effizienz schon beim ersten Arbeitstag verloren. (1), (2), (3)
- Um in Zukunft solche Verluste, die mit erheblichen unkalkulierbaren Kosten

verbunden sind, zu vermeiden, sollten Vorgesetzte anhand eines detaillierten Einarbeitungsplanes die Integration des Mitarbeiters in das Unternehmen steuern. (1), (2), (3)

Beitrag

Jährlich investieren Unternehmen viel Zeit und Geld in die Suche und Auswahl neuer Mitarbeiter. Was vielversprechend beginnt, mündet in vielen Fällen am ersten Arbeitstag in einem Chaos. Mitarbeiter und Chefs sind unzulänglich vorbereitet, der Arbeitsplatz steht nicht bereit. Motivationsverluste, verspätete Auftragsbearbeitungen, Unsicherheit und Frustration sind die Folge.

Dabei ist der Einstieg in die Tätigkeit prägend für den späteren Erfolg, der davon abhängt, wie gut der Mitarbeiter auf seine Aufgaben vorbereitet wird. Inplacementprogramme helfen Vorgesetzten und Mitarbeitern, mit der neuen Situation zurecht zu kommen und optimale Voraussetzungen für eine erfolgreiche Zusammenarbeit zu schaffen.

Vorbereitungsphase

Die Einarbeitung neuer Mitarbeiter beginnt für die Vorgesetzten bereits vor dem ersten Arbeitstag. Der neue Kollege sollte möglichst präzise Informationen zur neuen Arbeitsstelle erhalten. Falsche Vorstellungen und Erwartungen führen schnell zu Unzufriedenheit und Motivationsmangel. (3)

Information

Die Einbindung des Mitarbeiters in das Unternehmen kann schon einige Tage vor dem ersten Arbeitstag erfolgen. Durch Zusendung von Regelbestimmungen, Kontaktpersonenlisten, Firmenbroschüren und Kundenlisten bekommt der Angestellte die Möglichkeit, sich auf seine Arbeit vorzubereiten. Vorgesetzte sollten auch Veranstaltungen wie Betriebsfeiern, Messebesuche, Tage der offenen Tür usw. vor dem Arbeitsbeginn als Gelegenheit nehmen, den Mitarbeiter an das Unternehmen zu binden. (3)

Arbeitsplatz

Ein fertig eingerichteter Arbeitsplatz sollte dem Neuen am ersten Arbeitstag zur Verfügung stehen. Dabei ist zu prüfen, ob ein Telefonanschluss oder

Access-Codes und Passwörter eingerichtet werden müssen, Schränke zur Verfügung stehen und Schlüssel ausgehändigt werden sollen. (2)

Kollegen

Wichtig ist vor allen Dingen, dass die Mitarbeiter im Betrieb informiert sind. Angaben zur Person des Neulings, Funktion und Arbeitseintritt sind unerlässlich für eine funktionierende Zusammenarbeit. Kollegen sollten darüber aufgeklärt werden, welche Aufgaben der Neuzugang übernimmt, ob er einen Kollegen ersetzt oder ein neues Aufgabengebiet verantwortet und wem er unterstellt ist. (1), (2)

Werden solche Arbeiten im Vorfeld erledigt, vermeidet man nicht nur Unmut und Hektik. Auch kann man Verzögerungen im Arbeitsablauf vorbeugen, die hohe Folgekosten durch verspätete Auftragsabwicklungen, Kundenunzufriedenheit und Imageschäden verursachen.

Einarbeitungsphase

Begrüßung

Eine angemessene Begrüßung durch den Chef, bzw. den Abteilungsleiter in größeren Unternehmen, sollte den Einstieg des neuen Mitarbeiters einläuten. Die Anerkennung der Person und das Gefühl, gebraucht zu werden, steigern die Motivation. Die Bekanntmachung mit Kollegen und Betriebsbesichtigungen vermitteln dem Neuling schnell einen Gesamtüberblick. (1)

Ernennung eines Paten

Jeder Neueinsteiger sollte einen Ansprechpartner haben, der ihm zur Seite gestellt wird. Der sogenannte Pate weist den Neuling in die Bürogemeinschaft ein, gilt als Vertrauensperson und hilft, die schwere Einarbeitungszeit schnell zu überbrücken. (1)

Orientierungsgespräch

Ein Orientierungsgespräch, in dem die Bedeutung der zu besetzenden Stelle für das Unternehmen kommuniziert wird, sollte frühzeitig erfolgen. Je schneller der Mitarbeiter darüber informiert wird, welchen Wert seine Tätigkeit für die Firma hat, welche Erwartungen an ihn gestellt werden und wie die Gepflogenheiten sind, desto zielgerichteter kann er die Anforderungen bewältigen.

Wichtig ist, dass der Vorgesetzte auf das einleitende Gespräch vorbereitet ist. Eine Checkliste hilft, sich zu strukturieren und keine wichtigen Informationen auszulassen. Die ersten Tage im Unternehmen prägen das künftige Verhalten des Mitarbeiters und sollten deshalb vorausschauend gelenkt werden. (1), (2)

Einarbeitungsplan

Ein Zuviel an Information am ersten Tag kann überfordernd wirken und den Mitarbeiter zwingen immer wieder nachzufragen. Zu wenig Information kann den Arbeitsablauf stark beeinträchtigen. Der Neuling wird unsicher, fühlt sich den Aufgaben nicht gewachsen. Gerade in solchen Fällen bildet sich unter Kollegen schnell das Bild des inkompetenten Mitarbeiters und fügt dem Unternehmen großen Schaden zu. (1)

Eine wohldosierte Informationsweitergabe ist deshalb

notwendig für den erfolgreichen Einstieg. Ein Einarbeitungsplan regelt, in welche Arbeitsbereiche der Neuling zu welchem Zeitpunkt eingeführt wird, welche Informationen er dafür benötigt und wer ihm dieses Wissen vermittelt. Dadurch wird dem neuen Mitarbeiter die schnelle und selbständige Bewältigung seiner Aufgaben ermöglicht und steigert seine Arbeitszufriedenheit. (1)

Der Einarbeitungsplan regelt jedoch auch, wie lange die Phase der Einarbeitung dauert. Dies ist von Fall zu Fall unterschiedlich und richtet sich nicht unbedingt nach der Probezeit. Durch den gesetzten Zeitrahmen hat der Vorgesetzte bessere Möglichkeiten einzuschätzen, wie gut und schnell sich der Neue in seinen Arbeitsbereich eingearbeitet hat. (1)

Feedback

Gerade in der Anfangsphase herrscht große Verhaltensunsicherheit. Um dem Einsteiger die Integration zu erleichtern, sollte er regelmäßig Feedback zu seiner Arbeit und seinem Verhalten bekommen. Korrekturen in der Anfangsphase verhindern womöglich eine kostenintensive Trennung vom Mitarbeiter nach der Probezeit. (1)

Aber auch umgekehrt sollte der Vorgesetzte am Ende der Einarbeitungsphase Feedback vom Mitarbeiter einholen. Indem der Mitarbeiter die Einarbeitung kritisch durchleuchtet, kann das Unternehmen reagieren und in der Zukunft Verbesserungen vornehmen. (1)

Fallbeispiele

Weil Vorgesetzte es nicht schaffen, ihre Mitarbeiter zu vollen Leistungen zu mobilisieren, entstehen in deutschen Unternehmen jährlich Kosten in Höhe von schätzungsweise 236 Milliarden Euro. Dies belegt die aktuelle Gallup-Studie, in der etwa 2000 Probanden hinterfragt wurden. Diese geben z.B. Auskunft darüber, ob ihnen ausreichend Arbeitsmittel zur Verfügung stehen, ob sie wissen, was von ihnen erwartet wird, ob sie einen Freund in der Firma haben oder ob sie regelmäßig Lob erhalten. (6)

Konkrete Vorgehensweisen, wie Vorgesetzte neue Mitarbeiter am effektivsten in das Unternehmern eingliedern und so das volle Potenzial der Einsteiger nutzen können, stellen Dr. Birgit Henrichfreise und

Dr. Roger Fenster in der Zeitschrift "Kraftfutter" dar. Anhand einer Checkliste können Interessierte abrufen, welche Schritte und Maßnahmen bei der Einarbeitung getroffen werden müssen. (2)

Neben der Erstellung eines Einarbeitungsplanes, der wohldosierten Informationsvermittlung und einer regelmäßigen Aussprache, raten Experten, dem Neuling im Unternehmen einen Paten an die Seite zu stellen. Dieser fungiert als ständiger Ansprechpartner in den ersten Monaten und steht ihm mit Rat und Tat zur Seite. Regelmäßige Treffen zwischen Mitarbeiter, Pate und Vorgesetztem helfen zu klären, welche Erfahrungen der Neue im Betrieb gesammelt hat, was er benötigt, um besser arbeiten zu können, wie er mit seinen Kollegen auskommt, ob es Probleme gibt und wie sie sich beseitigen lassen. (1)

Eine entscheidende Eigenschaft von guten Managern soll sein, den Mitarbeitern zuhören zu können und eingefahrene Gleise zu verlassen. Dies gilt ebenso für die Einarbeitungsphase von Mitarbeitern. Personalabteilungen sollten Vorgesetzte darauf hinweisen zu hinterfragen, ob der Mitarbeiter an einer anderen Stelle im Unternehmen besser aufgehoben wäre. (5)

Über Begrifflichkeiten, Strategien und Phasen der Personaleinführung gibt Fred G. Becker in der

Zeitschrift "Wirtschaftswissenschaftliches Studium" Auskunft. Zusätzlich stellt er eine Onboarding-Checkliste bereit und liefert zahlreiche Literaturhinweise zum Thema. (3)

Weiterführende Literatur

(1) Besserer Umgang mit Neuen
aus Arbeit und Arbeitsrecht, Heft 10/2004, S. 32-34

(2) Hurra - wir haben einen neuen Mitarbeiter! Hooray - a new colleague!
aus Kraftfutter Nr. 10 vom 21.10.2004 Seite 354

(3) Becker, Fred G., Personaleinführung, Wirtschaftswissenschaftliches Studium, Heft 9/2004, Seite 514ff.
aus Kraftfutter Nr. 10 vom 21.10.2004 Seite 354

(4) Machen Sie es wie im Sport: Trainieren Sie die Fähigkeiten jedes einzelnen. DAS ERSTE MAL CHEF SERIE TEIL 10 Die Mitarbeiter coachen
aus Hamburger Abendblatt, Jg. 57, 20.11.2004, Nr. 273, S. 79

(5) "Manager müssen zuhören, zuhören, zuhören"
aus Hamburger Abendblatt, Jg. 57, 19.11.2004, Nr. 272, S. 24

(6) Verschenkte Potenziale Die exklusive Gallup-Studie belegt: Die meisten Firmenchefs er-reichen

ihre Leute nicht und setzen so ihr Geschäft aufs Spiel.
aus Impulse vom 01.11.2004, Seite 112

Impressum

Inplacement

Bibliografische Information der deutschen Nationalbibliothek

Die Deutsche Nationalbibliothek verzeichnet diese Publikation in der deutschen Nationalbibliografie; detaillierte bibliografische Daten sind im Internet über http://dnb.d-nb.de abrufbar.

ISBN: 978-3-7379-0886-3

© 2015 GBI-Genios Deutsche Wirtschaftsdatenbank GmbH, Freischützstraße 96, 81927 München, www.genios.de

Alle Rechte vorbehalten. Dieses Werk ist einschließlich aller seiner Teile – z.B. Texte, Tabellen und Grafiken - urheberrechtlich geschützt. Jede Verwertung außerhalb der Grenzen des Urheberrechtsgesetzes bedarf der vorherigen Zustimmung des Verlags. Dies gilt insbesondere auch für auszugsweise Nachdrucke, fotomechanische Vervielfältigungen (Fotokopie/Mikroskopie), Übersetzungen, Auswertungen durch Datenbanken oder ähnliche Einrichtungen und die Einspeicherung und Verarbeitung in elektronischen Systemen.